0

null

zero

10

zehn

ten

20

zwanzig

twenty

30

dreißig

thirty

40

vierzig

forty

50

fünfzig

fifty

60

sechzig

sixty

70

siebzig

seventy

80

achtzig

eigthy

90

neunzig

ninety

100

einhundert

one hundred

1000

eintausend

one thousand

Würfel

cube

Spielbaustein

block

Eiswürfel

ice cube

Karamell

caramel

Zucker

sugar

Würfel

dice

Geschenkbox

gift box

Pappkarton

cardboard box

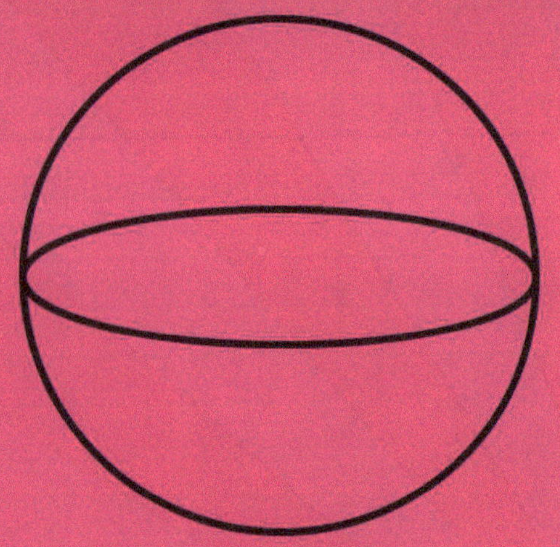

Kugel

sphere

Eiskugel

ice cream scoop

Perle

pearl

Blase

bubble

Murmeln

marbles

Planet

planet

Schneeball

snowball

Tennisball

tennis ball

Zylinder

cylinder

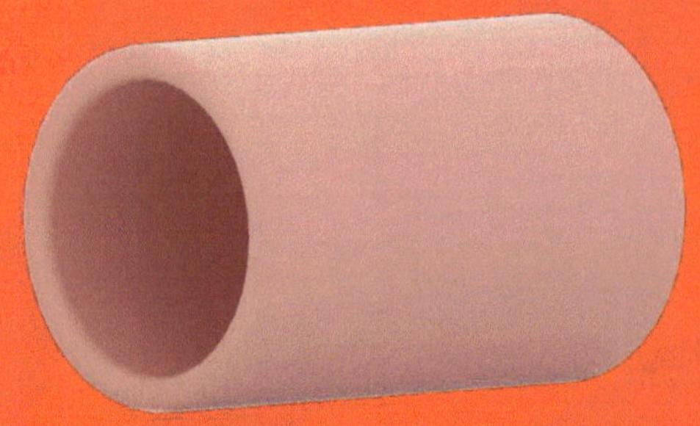

Rohr

tube

Batterien

batteries

Garnspule

thread spool

Zimt

cinnamon

Nudelholz

rolling pin

Wurst

sausage

Heuballen

hay bale

Kegel

cone

Verkehrskegel

road cone

Eiswaffel

ice cream cone

Hexenhut

witch hat

Kerker

dungeon

Tannenbaum

fir tree

Partyhut

party hat

Schnecke

snail

Brombeere

blackberry

Johannisbeere

currant

Clementine

clementine

Durian

durian

Drachenfrucht

dragon fruit

Jackfrucht

jackfruit

Sternfrucht

star fruit

Spargel

asparagus

Radieschen

radish

rote Bohne

🇺🇸 red bean
🇬🇧 kidney bean

Rübe

turnip

Maniok

cassava

Süßkartoffel

sweet potato

Kichererbsen

chickpeas

Adler

eagle

Fledermaus

bat

Biber

beaver

Flamingo

flamingo

Rabe

raven

Amsel

blackbird

Blaumeise

blue tit

Elster

magpie

Schwalbe

swallow bird

Lerche

lark

Sittich

parakeet

Specht

woodpecker

Pfau

peacock

Papagei

parrot

tukan

toucan

Storch

stork

Koralle

coral

Seeanemone

sea anemone

Seeigel

sea urchin

Seepferdchen

seahorse

Clownfisch

clownfish

Goldfisch

goldfish

Krabbe

crab

Einsiedlerkrebs

hermit crab

Delfin

dolphin

Narwal

narwhal

Oktopus

octopus

Tintenfisch

squid

Walhai

whale shark

Orca

orca

Blauwal

blue whale

Belugawal

beluga whale

Hammerhai

hammerhead shark

Weißer Hai

white shark

Zitronenhai

lemon shark

Tigerhai

tiger shark

Heuschrecke

grasshopper

Raupe

caterpillar

Skorpion

scorpion

Eidechse

lizard

Dinosaurier

dinosaurs

schwarzes Haar

black hair

rotes Haar

ginger hair

braunes Haar

brown hair

blondes Haar

🇺🇸 blond hair
🇬🇧 blonde hair

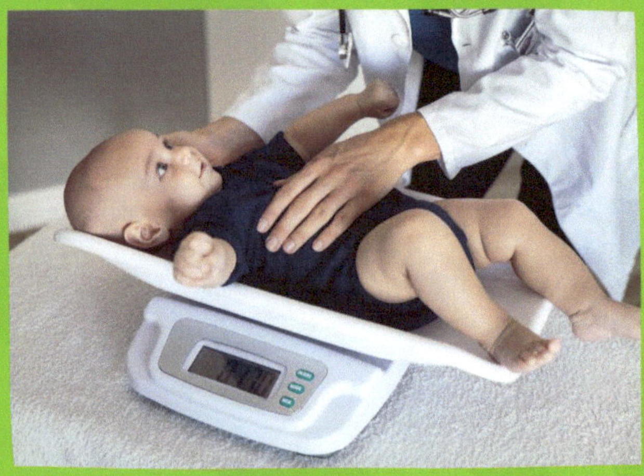

Waage

scale

Krankenhaus

hospital

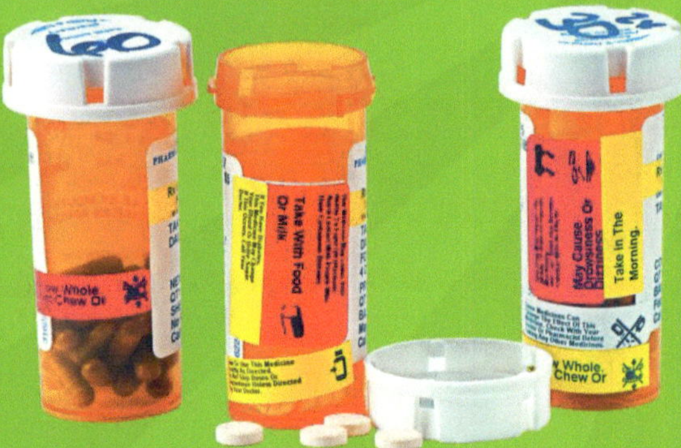

Medizin

medicine

Thermometer

thermometer

Verband

bandage

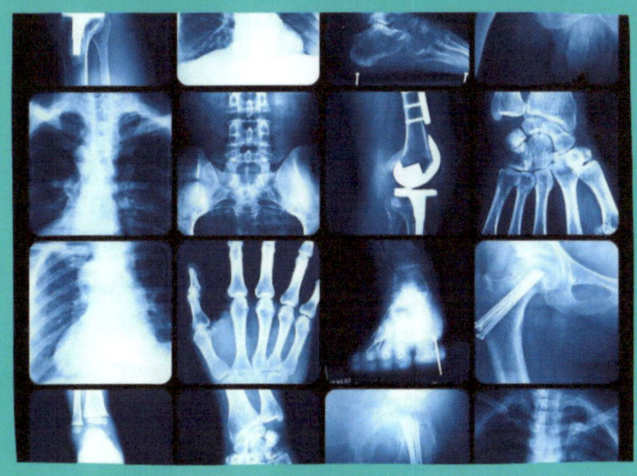

Röntgen

x-ray

Doktor

doctor

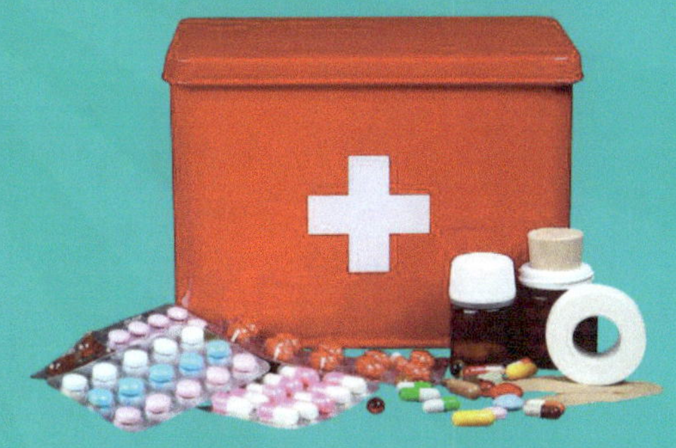

Erste-Hilfe-Kasten

first aid kit

spielen

play

zeichnen

draw

zählen

count

schreiben

write

Tanzen

dancing

Schwimmen

swimming

Skifahren

skiing

Basketball

basketball

Tennis

tennis

Tischtennis

ping pong

Fußball

 soccer
football

Reiten

horse riding

Eishockey

ice hockey

Judo

judo

Boxen

boxing

Laufen

running

Baseball

baseball

Kricket

cricket

Rugby

rugby

Volleyball

volleyball

Maracas

maracas

Tamburin

tambourine

Xylophon

xylophone

Geige

violin

Klavier

piano

Gitarre

guitar

Cello

cello

Harfe

harp

Trommel

drum

Djembe

djembe

Schlagzeug

drum kit

Trompete

trumpet

Horn

horn

Saxophon

saxophone

Flöte

flute

Kopfhörer

headphone

singen

sing

Notenblatt

sheet music

Mikrofon

microphone

80

achtzig

quatre-vingt

90

neunzig

quatre-vingt-dix

100

einhundert

cent

1000

eintausend

mille

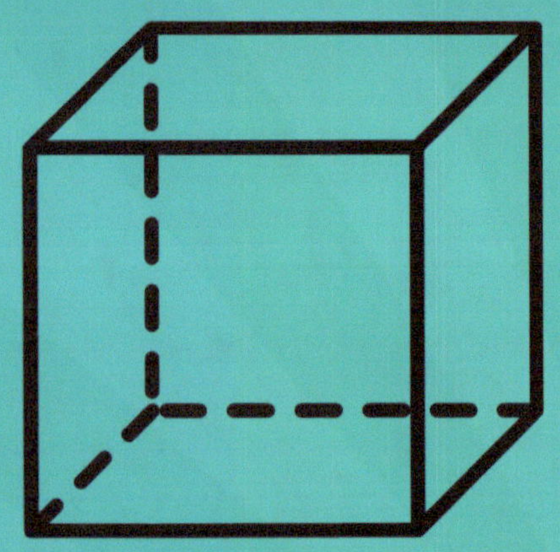

Würfel

cube

Spielbaustein

bloc

Eiswürfel

glaçon

Karamell

caramel

Zucker

sucre

Würfel

dé

Geschenkbox

boite cadeau

Pappkarton

boîte en carton

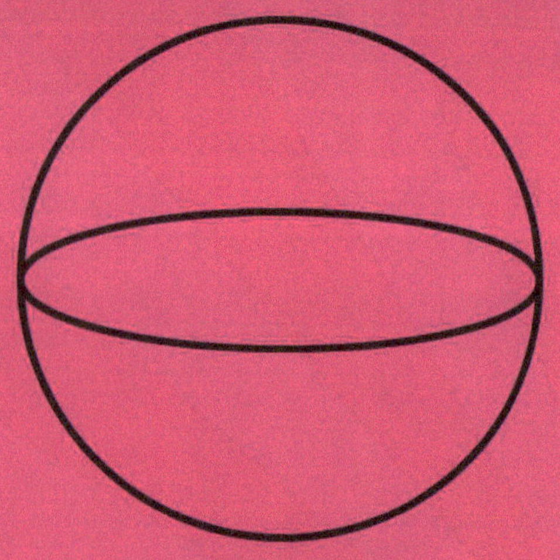

Kugel

sphère

Eiskugel

boule de glace

Perle

perle

Blase

bulle

Murmeln

billes

Planet

planète

Schneeball

boule de neige

Tennisball

balle de tennis

Zylinder

cylindre

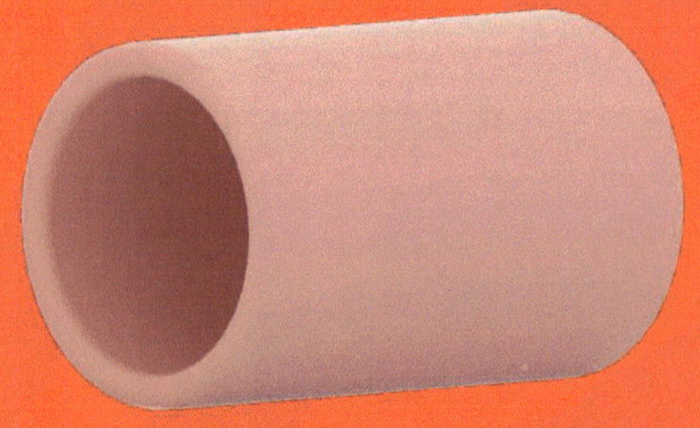

Rohr

tube

Batterien

piles

Garnspule

bobine de fil

Zimt

cannelle

Nudelholz

rouleau à pâtisserie

Wurst

saucisse

Heuballen

botte de foin

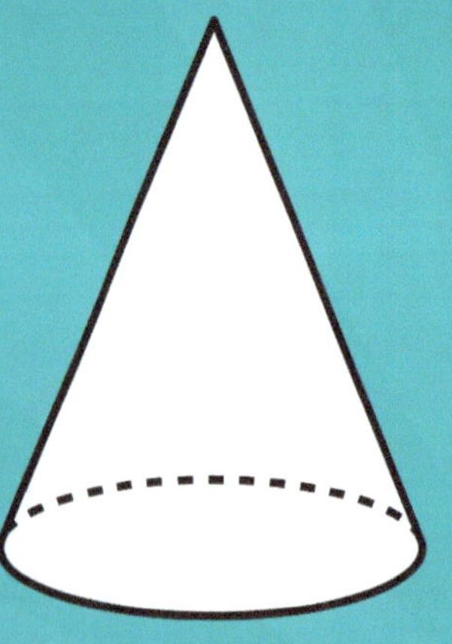

Kegel

cône

Verkehrskegel

cône de signalisation

Eiswaffel

cornet à glace

Hexenhut

chapeau de sorcière

Kerker

donjon

Tannenbaum

sapin

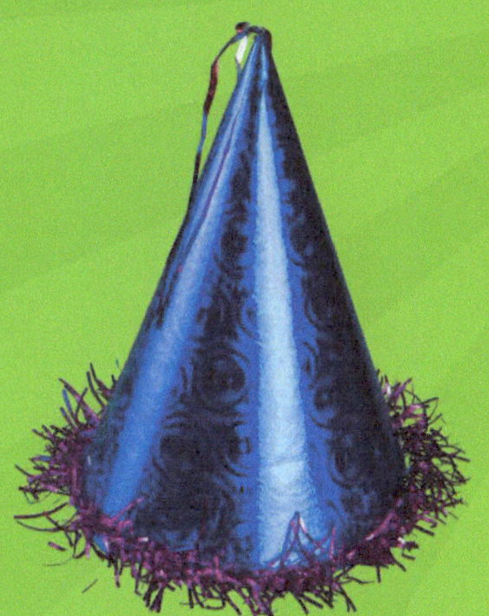

Partyhut

chapeau de fête

Schnecke

escargot

Brombeere

mûre

Johannisbeere

🇫🇷 groseille
🇨🇦 gadelle

Clementine

clémentine

Durian

durian

Drachenfrucht

🇫🇷 **fruit du dragon**
🇨🇦 **pitaya**

Jackfrucht

jacquier

Sternfrucht

carambole

Spargel

asperge

Radieschen

radis

rote Bohne

haricot rouge

Rübe

navet

Maniok

manioc

Süßkartoffel

patate douce

Kichererbsen

pois chiches

Adler

aigle

Fledermaus

chauve-souris

Biber

castor

Flamingo

flamant rose

Rabe

corbeau

Amsel

merle

Blaumeise

mésange

Elster

pie

Schwalbe

hirondelle

Lerche

alouette

Sittich

perruche

Specht

pivert

Pfau

paon

Papagei

perroquet

tukan

toucan

Storch

cigogne

Koralle

corail

Seeanemone

anémone de mer

Seeigel

oursin

Seepferdchen

hippocampe

Clownfisch
poisson-clown

Goldfisch
poisson rouge

Krabbe
crabe

Einsiedlerkrebs
bernard-l'ermite

Delfin

dauphin

Narwal

narval

Oktopus

pieuvre

Tintenfisch

calamar

Walhai

requin-baleine

Orca

orque

Blauwal

baleine bleue

Belugawal

béluga

Hammerhai

requin-marteau

Weißer Hai

requin blanc

Zitronenhai

requin citron

Tigerhai

requin tigre

Heuschrecke

sauterelle

Raupe

chenille

Skorpion

scorpion

Eidechse

lézard

Dinosaurier

dinosaures

schwarzes Haar

cheveux noirs

rotes Haar

cheveux roux

braunes Haar

cheveux bruns

blondes Haar

cheveux blonds

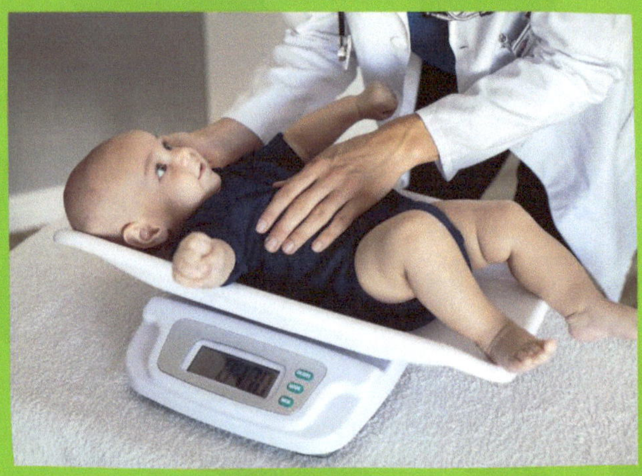

Waage

balance

Krankenhaus

hôpital

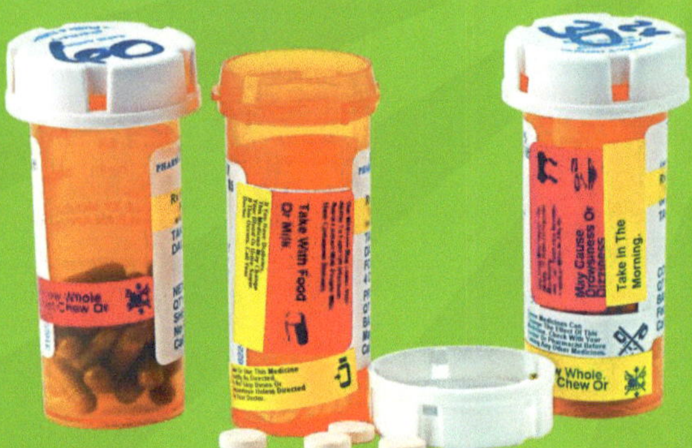

Medizin

médicament

Thermometer

thermomètre

Verband

pansement

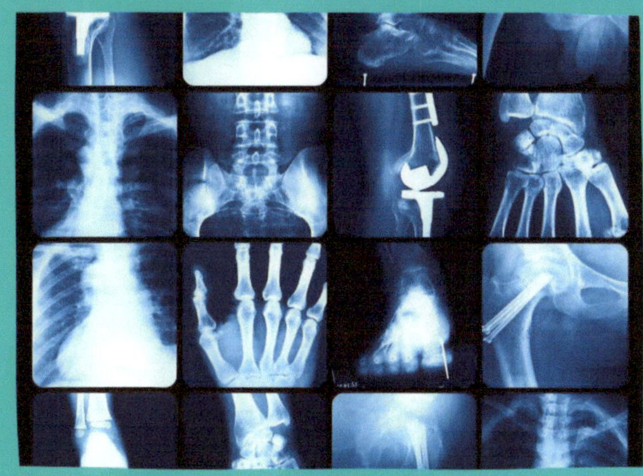

Röntgen

radiographie

Doktor

docteur

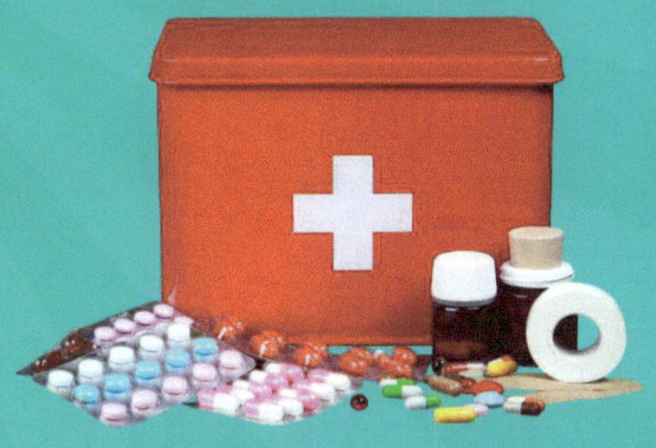

Erste-Hilfe-Kasten

trousse de secours

spielen

jouer

zeichnen

dessiner

zählen

compter

schreiben

écrire

Tanzen

danse

Schwimmen

natation

Skifahren

ski

Basketball

basket-ball

Tennis

tennis

Tischtennis

ping pong

Fußball

🇫🇷 football
🇨🇦 soccer

Reiten

équitation

Eishockey

hockey sur glace

Judo

judo

Boxen

boxe

Laufen

course à pied

Baseball

baseball

Kricket

cricket

Rugby

rugby

Volleyball

volley-ball

Maracas

maracas

Tamburin

tambourin

Xylophon

xylophone

Geige

violon

Klavier

piano

Gitarre

guitare

Cello

violoncelle

Harfe

harpe

Trommel

tambour

Djembe

djembé

Schlagzeug

batterie

Trompete

trompette

Horn

cor d'harmonie

Saxophon

saxophone

Flöte

flûte

Kopfhörer

casque

singen

chanter

Notenblatt

partition

Mikrofon

micro

www.ingramcontent.com/pod-product-compliance
Lightning Source LLC
Chambersburg PA
CBHW041624110726
48005CB00002B/485